초등영어
문법부터
해결한다

저자
AST Jr. English Lab

Accumulation of Stocks of English Training의 약자로 영어 학습의 완성은 체화라 믿고

가장 낮은 단계에서 시작하여 가장 높은 단계의 영어 수준을 실현하는 영어 학습법을 개발하고자

노력하는 연구조직이다.

저서로 「중학교 가기 전에 끝내는 영단어」, 「영어 알파벳 처음쓰기」 등이 있다.

초등영어 문법부터 해결한다 Basic Level 2

저자 AST Jr. English Lab
초판 1쇄 인쇄 2022년 1월 3일 **초판 1쇄 발행** 2022년 1월 15일

발행인 박효상 **편집장** 김현 **기획 · 편집** 김설아, 하나래
표지, 내지 디자인 · 조판 the PAGE 박성미 **본문 진행** 윤미영
마케팅 이태호, 이전희 **관리** 김태옥 **종이** 월드페이퍼 **인쇄 · 제본** 예림인쇄 · 바인딩

출판등록 제10-1835호 **발행처** 사람in
주소 04034 서울시 마포구 양화로 11길 14-10 (서교동) 3F
전화 02) 338-3555(代) **팩스** 02) 338-3545 **E-mail** saramin@netsgo.com
Website www.saramin.com
책값은 뒤표지에 있습니다. 파본은 바꾸어 드립니다.

ⓒ 윤미영 2022

ISBN
978-89-6049-929-4 64740
978-89-6049-927-0 (set)

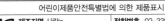

우아한 실사구시, 기민한 지적만보 사람in

어린이제품안전특별법에 의한 제품표시	
제조자명 사람in	**전화번호** 02-338-3555
제조국명 대한민국	**주 소** 서울시 마포구 양화로
사용연령 5세 이상 어린이 제품	11길 14-10 3층

하다 보면
저절로 되는
시스템

초등영어

문법부터
해결한다

파닉스, 사이트워드를 마친 초등생의 첫 영문법

Grammar

Basic
Level **2**
초등 교과 연계

사람in
saram
in.com

초등영어 문법부터 해결한다 시리즈

매일 2쪽씩

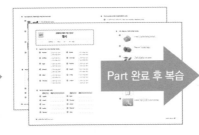
Part 완료 후 복습

5주 완성

1 왜 초등 3학년이 영문법 공부의 최적의 시기인가?

초등 3학년은 인지 능력 향상으로 영어 학습의 방향이 중요한 시기

초등 교과과정은 모국어 습득 방식처럼 듣기 노출 및 책 읽기 등의 자연스러운 '습득' 쪽에 초점을 두어 충분히 노출시키는 것을 중요시합니다. 하지만 현실적으로 초등 영어는 의식적인 '학습' 또한 병행이 필요한 시기입니다. 노출 시간 대비 효과 면에서 볼 때 결과물이 더 빨리 나타나기 때문에 이 시기의 인지 능력에 부합하고 동기부여가 되는 학습법과 교재가 필요하게 됩니다. 초등 1, 2학년은 문자 읽기를 하는 시기라서 발음을 빠르게 문자로 연결시키는 파닉스와 리더스 교재가 필요할 때입니다. 이 시기에 노출되고 학습된 영어 기초를 바탕으로 효과적인 영어 성취감을 얻을 수 있게 되는 초등 3학년이 영문법, 곧, 문장의 규칙을 통해 체계적으로 읽기와 쓰기의 뼈대를 세울 수 있는 최적의 시기가 됩니다.

초등 기초 영어

초등과정에서 학습해야 할 생활영어, 어휘와 문법 내용 등은 반드시 초등과정 기간 내에 마무리 지어 영어에 대한 근거 있는 자신감을 확보하는 것이 중요합니다.

초등 기본기 영문법

초등 교과과정에서 문자 지도가 강화되면서 읽기, 쓰기 성취 기준이 상향되었기에 체계적인 읽기와 쓰기의 기본을 세울 수 있게 해주는 영문법 학습을 해야 합니다.

② 왜 초등영어 문법부터 해결한다가 효과적인가?

구성원리 ········· 초등 교과과정의 기초를 체계적인 규칙으로 재정립한 영문법 구성

		연관 문법 개념/소재		
명사	단복수(-s, -es)	셀 수 있는(없는) 명사		
대명사	지시대명사(this, that)	인칭대명사(it)	소유격(my, your)	
be동사	긍정문	부정문	의문문	be동사 + 명사 / 형용사
일반동사	긍정문(1, 2인칭 / 3인칭)	부정문	의문문	동사 have, want, like
조동사 can	긍정문	부정문	의문문	
형용사/부사	수, 묘사, 색, 감정	be동사 + 형용사	부사 very	
			형용사(묘사), 소유격, be동사 문장 설명을 위해 쓰임	
인칭대명사		지시대명사, 인칭대명사 it		
기타		수 개념 / 묘사 개념		비인칭 주어, 날씨
명령문	긍정문/부정문			
비인칭주어	대명사 it과 비인칭 주어 it			

3일 훈련으로 쓰기가 저절로, 영어 공부 습관이 저절로

반복 연습의 3일 구성으로 쓰기와 영어 공부 습관의 두 마리 토끼 잡기

1일 단어, 문장의 규칙

단어의 특성, 단어가 문장을 이루는 규칙을 배우는 하루

규칙(문법) 설명 + 골라 보면 문법이 저절로

▶

2일 문장으로 확인하기

배운 규칙을 문장 속에서 익히며 쓰는 훈련

문장을 비교하며 고르기 고쳐 쓰기, 배열하기, 바꿔 쓰기로 문장의 규칙 익히기

▶

3일 단어에서 문장쓰기까지 누적복습

단어 → 구문 → 문장쓰기의 3단계 누적복습하기

STEP ① 단어 확인하기
STEP ② 문장으로 규칙 확인
STEP ③ point별로 문장 쓰기

3 왜 초등영어 문법부터 해결한다가 영어 공부 습관 기르기인가?

매일 3일 영어 훈련 코스 영문법 규칙과 문장쓰기로 다져지는 매일 문법 훈련 코스

매일 3일 습관 만들기 코스

품사의 개념과 문장에서 이런 품사가
어떻게, 왜 변하는지 그 규칙들을 3일간
단어, 구문과 문장을 통해 쉽게 반복 훈련합니다.

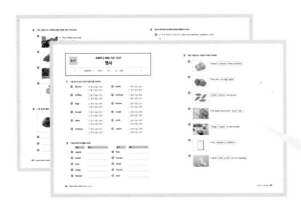

기억 연상 실력 향상 코스
기초 TEST

테스트 문제를 풀면서 앞서 배운 문장
구조를 정확히 이해하고 있는지
확인해 보세요.

내 실력이 얼마나 향상되었는지
점검할 수 있어요.

내가 정확하게 알고 썼는지
궁금하다면 정답과 해석
확인하는 것을 잊지 마세요.

Structure

단어와 문장 규칙
➕ 규칙 적용 문장쓰기
➕ 3 단계 누적복습 시스템!

규칙 설명

영문법의 특성과 규칙을 알기 쉽게 이미지로 먼저
소개하고 친절하게 설명합니다. 영문법의 기초를
둘 중 하나를 고르거나 빈칸에 알맞은 말을 고르는
문제로 확인해요.

각 unit을 시작하기 전에
단어의 의미를 먼저 살펴볼 수
있어요. 매일 공부한 내용을
쓸 수 있는 공간도 있어요.

문장쓰기

두 문장의 의미나 형태를 비교하여 규칙의 쓰임을
명확하게 알 수 있어요.
여기에 단어를 배열하거나 주어진 단어를 이용하여
문장 전체를 써보는 writing 훈련을 할 수 있어요.

누적복습

3단계 누적 복습을 통해 배운 문법 규칙으로 저절로
문장이 써지고, 스스로 쓰고 싶어지게 돼요.

7

Contents

초등 3학년 추천 Basic Level 1, 2, 3 권을 모두 공부하면
초등 영문법의 기본기를 탄탄하게 다질 수 있어요!

5주만에
완성하기

		단원	쪽수	학습일		
1주차	**Part 1** 명사	UNIT 1 명사 공식 UNIT 2 명사의 수 ①	p.14~29	시작일　　월　　일 끝낸일　　월　　일		
2주차		UNIT 3 명사의 수 ② UNIT 4 셀 수 없는 명사 **초등학교 영어 기초 TEST**	p.30~49	시작일　　월　　일 끝낸일　　월　　일		
3주차	**Part 2** 주요 동사	UNIT 1 인칭대명사 공식 UNIT 2 주요 동사 ①	p.52~67	시작일　　월　　일 끝낸일　　월　　일		
4주차		UNIT 3 주요 동사 ② UNIT 4 주요 동사 ③	p.68~83	시작일　　월　　일 끝낸일　　월　　일		
5주차		**초등학교 영어 기초 TEST**	p.84~87	시작일　　월　　일 끝낸일　　월　　일		

Study Plan

😊 천천히 하고 싶은 친구들용

Day	학습 내용		체크
	PART 1		
01	**UNIT 1**	설명 + 고르면 바로 아는 문법	
02		문장으로 누적 연습, 문법 쓰기	
03		누적 복습	
04	**UNIT 2**	설명 + 고르면 바로 아는 문법	
05		문장으로 누적 연습, 문법 쓰기	
06		누적 복습	
07	**UNIT 3**	설명 + 고르면 바로 아는 문법	
08		문장으로 누적 연습, 문법 쓰기	
09		누적 복습	
10	**UNIT 4**	설명 + 고르면 바로 아는 문법	
11		문장으로 누적 연습, 문법 쓰기	
12		누적 복습	
13	**PART 1 기초 Test**		
	PART 2		
14	**UNIT 1**	설명 + 고르면 바로 아는 문법	
15		문장으로 누적 연습, 문법 쓰기	
16		누적 복습	
17	**UNIT 2**	설명 + 고르면 바로 아는 문법	
18		문장으로 누적 연습, 문법 쓰기	
19		누적 복습	
20	**UNIT 3**	설명 + 고르면 바로 아는 문법	
21		문장으로 누적 연습, 문법 쓰기	
22		누적 복습	
23	**UNIT 4**	설명 + 고르면 바로 아는 문법	
24		문장으로 누적 연습, 문법 쓰기	
25		누적 복습	
26	**PART 2 기초 Test**		

문법 공부가 처음인 친구들이라면 하루에 두 페이지씩 천천히 26일 동안 하는 플랜으로, 문법 공부를 해 보니까 너무 재미있어서 더 많이 하고 싶은 친구들이라면 10일 동안 하는 플랜으로 공부해 보세요. 중요한 건 꾸준히 하는 거예요.

 더 많이 하고 싶은 친구들용

Day	학습 내용		체크
	PART 1		
01	**UNIT 1**	설명 + 고르면 바로 아는 문법	
		문장으로 누적 연습, 문법 쓰기	
		누적 복습	
02	**UNIT 2**	설명 + 고르면 바로 아는 문법	
		문장으로 누적 연습, 문법 쓰기	
		누적 복습	
03	**UNIT 3**	설명 + 고르면 바로 아는 문법	
		문장으로 누적 연습, 문법 쓰기	
		누적 복습	
04	**UNIT 4**	설명 + 고르면 바로 아는 문법	
		문장으로 누적 연습, 문법 쓰기	
		누적 복습	
05	PART 1 기초 Test		
	PART 2		
06	**UNIT 1**	설명 + 고르면 바로 아는 문법	
		문장으로 누적 연습, 문법 쓰기	
		누적 복습	
07	**UNIT 2**	설명 + 고르면 바로 아는 문법	
		문장으로 누적 연습, 문법 쓰기	
		누적 복습	
08	**UNIT 3**	설명 + 고르면 바로 아는 문법	
		문장으로 누적 연습, 문법 쓰기	
		누적 복습	
09	**UNIT 4**	설명 + 고르면 바로 아는 문법	
		문장으로 누적 연습, 문법 쓰기	
		누적 복습	
10	PART 2 기초 Test		

PART

1

명사

명사에서 배울 내용

01 명사 공식

02 명사의 수 ①

03 명사의 수 ②

04 셀 수 없는 명사

명사는 사람, 동물, 사물과 장소 등에 붙여진 이름을 말해요.
그리고 명사는 개수에 따라 쓰는 모양이 달라져요.

스스로 저절로 됩니다!

명사 공식

I am Jack.
It is a pig.

DAY 1

● 오늘 내 점수는? ☆ ☆ ☆ ☆ ☆

본문 pp.16~17

● 이런 걸 공부했어요.

_____

_____

_____

배울 내용을 써요!

DAY 2

● 오늘 내 점수는? ☆ ☆ ☆ ☆ ☆

본문 pp.18~19

● 이런 걸 공부했어요.

_____

_____

_____

DAY 3

● 오늘 내 점수는? ☆ ☆ ☆ ☆ ☆

본문 pp.20~21

● 이런 걸 공부했어요.

_____

_____

_____

book
☑ 책   ☐ 상자

pencil
☐ 볼펜   ☐ 연필

rabbit
☐ 여우   ☐ 토끼

ant
☐ 개미   ☐ 거미

bear
☐ 곰   ☐ 늑대

umbrella
☐ 책상   ☐ 우산

정답 책 · 토끼 · 곰 · 연필 · 개미 · 우산

scientist
☐ 의사   ☐ 과학자

pond
☐ 연못   ☐ 바다

carrot
☐ 양파   ☐ 당근

girl
☐ 소녀   ☐ 소년

firefighter
☐ 소방관   ☐ 경찰관

cousin
☐ 형제   ☐ 사촌

정답 과학자 · 당근 · 소방관 · 연못 · 소녀 · 사촌

egg
☐ 병아리   ☐ 달걀

box
☐ 상자   ☐ 바구니

elephant
☐ 코끼리   ☐ 하마

near
☐ 멀리   ☐ 근처에

orange
☐ 사과   ☐ 오렌지

near water
☐ 물 밖에   ☐ 물 근처에

정답 달걀 · 코끼리 · 오렌지 · 상자 · 근처에 · 물 근처에

명사 공식

명사는 선생님, 학생, 책, 연필, 고양이처럼 모든 것의 이름을 나타내요.

teacher	student
선생님	학생

book	pencil
책	연필

1 명사는 사람, 동물, 물건, 장소 등의 이름을 말해요.

> ✿ 이 명사들은 하나, 둘 셀 수 있다는 것을 기억하세요!

명사 종류	예						
사람 (people)	doctor 의사	student 학생	friend 친구	singer 가수	firefighter 소방관		
물건 (things)	book 책	desk 책상	box 상자	chair 의자	bag 가방	piano 피아노	car 차
동물 (animals)	cat 고양이	dog 개	ant 개미	bird 새	rabbit 토끼	lion 사자	bear 곰
장소 (places)	room 방	school 학교	park 공원	house 집	library 도서관	mall 쇼핑 센터	

2 명사는 a cat, an apple처럼 단어 앞에 a, an를 써요.

> ✿ 셀 수 있는 명사에만 a/an을 붙여요.

a + 명사	'하나, 한 개, 한 명'의 뜻일 때 써요.				
	a cat 고양이	a park 공원	a girl 소녀	a dancer 무용수	a nurse 간호사
an + 명사	명사가 발음이 a, e, i, o, u 로 시작하면 an을 써요. 역시 '하나, 한 개'의 뜻이에요.				
	an ant 개미	an egg 달걀	an orange 오렌지	an umbrella 우산	an elephant 코끼리

고르면 바로 아는 문법

문장에서 명사를 찾아 쓰세요.

STEP 1 명사

It   is   **a carrot.**
                     → 명사

1   I am a teacher.   →   _a teacher_

2   It is a lion.   →   _____

3   It is a box.   →   _____

4   She has a bag.   →   _____

5   He has a car.   →   _____

명사에 어울리는 a/an를 쓰세요.

STEP 2 a/an + 명사

apple   →   **an apple**

1   dog   →   _a_   dog   2   ant   →   _____ ant

3   cat   →   _____ cat   4   park   →   _____ park

5   house   →   _____ house   6   umbrella   →   _____ umbrella

7   iguana   →   _____ iguana   8   teacher   →   _____ teacher

9   orange   →   _____ orange   10 egg   →   _____ egg

문장으로 누적연습

알맞는 말을 고르세요.

명사 확인하기	I am (student / a student).	❶ 명사가 하나, 한 명일 때는 단어 앞에 a를 씀
	I have (a iguana / an iguana).	❷ 명사가 모음으로 시작하면 an을 씀

→ a / an에 주의해요.

1 나는 과학자이다.

I am | scientist / a scientist | .

너는 간호사이다.

You are | nurse / a nurse | .

2 그녀는 공 하나를 갖고 있다.

She has | ball / a ball | .

그는 차 한 대를 갖고 있다.

He has | car / a car | .

3 우리는 달걀 하나가 필요하다.

We need | a egg / an egg | .

그들은 오렌지 하나가 필요하다.

They need | a orange / an orange | .

4 그것은 집이다.

It is | a house / an house | .

그것은 사진이다.

It is | a photo / an photo | .

5 그녀는 엔지니어다.

She is | a engineer / an engineer | .

그녀는 요리사이다.

She is | a cook / an cook | .

6 개구리 한 마리가 물 근처에 산다.

| A frog / An frog | lives near water.

그것은 연못에 산다.

It lives in | a pond / an pond | .

고쳐 보는 문법쓰기

밑줄 친 부분을 바르게 고쳐 문장을 다시 쓰세요.

> He is ~~singer~~ .
>
> ⋯▸ He is │ a │ **singer.** → 명사 singer를 a singer로 바꿔 쓰세요.

1   I **am** <u>genius</u>.

⋯▸

2   He needs <u>**a umbrella**</u>.

⋯▸

3   She has <u>**an rabbit**</u>.

⋯▸

4   They have <u>**a iguana**</u>.

⋯▸

5   It is <u>**a elephant**</u>.

⋯▸

6   You are <u>writer</u>.

⋯▸

명사 공식 누적복습

STEP 1 단어 확인하기

01	ant	☑ 개미	☐ 거미
02	iguana	☐ 도마뱀	☐ 이구아나
03	umbrella	☐ 우산	☐ 버섯
04	scientist	☐ 과학	☐ 과학자
05	egg	☐ 병아리	☐ 달걀
06	near	☐ 근처에	☐ 멀리
07	pond	☐ 바다	☐ 연못

단어 따라쓰기

ant

water*

*물 근처에

STEP 2 문장으로 보는 명사 우리말에 맞게 써보세요.

(A) It is   a/an   ~

01   그것은 달걀이다.   ···▶ _____

02   그것은 연못이다.   ···▶ _____

(B) They need   a/an   ~

01   그들은 당근 하나가 필요하다.   ···▶ _____

02   그들은 우산 하나가 필요하다.   ···▶ _____

(C) He / She has   a/an   ~

01   그는 코끼리 한 마리가 있다.   ···▶ _____

02   그녀는 오렌지 하나가 있다.   ···▶ _____

01 나는 작가이다.   I am _____ .

나는 학생이다.   _____

02 그는 선생님이다.   He is _____ .

그는 소방관이다.   _____

03 그녀는 우산 하나가 있다.   She has _____ .

그녀는 개 한 마리가 있다.   _____

04 그것은 책이다.   It is _____ .

그것은 코끼리이다.   _____

05 나는 달걀 하나가 필요하다.   I need _____ .

나는 차 한대가 필요하다.   _____

06 고양이 한 마리가 상자에 있다.   _____ is in a box.

개 한 마리가 상자에 있다.   _____

스스로 저절로 됩니다!

명사의 수 ①

I need eggs.

DAY 4

● 오늘 내 점수는? ☆☆☆☆☆

● 이런 걸 공부했어요.

본문 pp.24~25

배운 내용을 써요!

DAY 5

● 오늘 내 점수는? ☆☆☆☆☆

● 이런 걸 공부했어요.

본문 pp.26~27

DAY 6

● 오늘 내 점수는? ☆☆☆☆☆

● 이런 걸 공부했어요.

본문 pp.28~29

cup
- ☑ 컵
- ☐ 접시

story
- ☐ 책
- ☐ 이야기

toy
- ☐ 로봇
- ☐ 장난감

flower
- ☐ 꽃
- ☐ 풀

church
- ☐ 교회
- ☐ 강당

eagle
- ☐ 비둘기
- ☐ 독수리

정답 컵 · 장난감 · 교회 · 이야기 · 꽃 · 독수리

---

ear
- ☐ 눈
- ☐ 귀

pianist
- ☐ 피아노
- ☐ 피아니스트

fox
- ☐ 늑대
- ☐ 여우

dish
- ☐ 컵
- ☐ 접시

fly
- ☐ 파리
- ☐ 모기

brush
- ☐ 비누
- ☐ 머리빗

정답 귀 · 여우 · 파리 · 피아니스트 · 접시 · 머리빗

---

watch
- ☐ 손목시계
- ☐ 팔찌

candy
- ☐ 사탕
- ☐ 쿠키

zoo
- ☐ 주유소
- ☐ 동물원

nurse
- ☐ 의사
- ☐ 간호사

in a zoo
- ☐ 주유소에
- ☐ 동물원에

swimmer
- ☐ 수영
- ☐ 수영선수

정답 손목시계 · 동물원 · 동물원에 · 사탕 · 간호사 · 수영선수

02 명사의 수 ①

a toy

toys

명사는 하나 또는 한 명을 나타낼 때는 단어 앞에 **a/an**을 쓰고 둘 이상이면 〈명사+**(e)s**〉로 써요.

1 명사는 *하나*일 때와 둘 이상일 때를 구별해서 써요.

	하나(단수)	둘 이상(복수)
모양	**a /an + 명사** a book a bus an ant an apple 책 버스 개미 사과	**명사 + (e)s** books buses ants apples 책들 버스들 개미들 사과들
be동사	**is와 함께 사용** It is a book. 그것은 책이다. He is a student. 그는 학생이다.	**are와 함께 사용** They are books. 그것들은 책들이다. They are students. 그들은 학생들이다.

QUIZ O/X로 표시

He is a student.　　　(　)
He is students.　　　(　)

정답 O, X

2 명사는 둘 *이상*일 때 단어에 따라 다르게 바꿔 써요.

명사의 형태	여러 개(복수)	예
대부분의 명사	+s	cup → cups 컵 doctor → doctors 의사 cat → cats 고양이 ball → balls 공 flower → flowers 꽃
-s, -sh, -ch, -x	+es	bus → buses 버스 dish → dishes 접시 church → churches 교회 box → boxes 상자
자음+y	y → i+es	baby → babies 아기 story → stories 이야기 fly → flies 파리

고르면 바로 아는 문법

명사에 맞게 a, an을 써 보세요.

STEP 1 명사의 수 ❶

egg → **an egg**

1	room	→ a room	2	elephant	→
3	desk	→	4	umbrella	→
5	bus	→	6	eagle	→
7	eraser	→	8	cup	→
9	book	→	10	apple	→

복수형을 쓰세요.

STEP 2 명사의 수 ❷

story → **stories**

1	toy	→ toys	2	brush	→
3	cup	→	4	candy	→
5	watch	→	6	dish	→
7	box	→	8	bus	→
9	fly	→	10	baby	→

문장으로 누적연습

be동사 다음에 들어갈 알맞은 말을 고르세요.

명사 형태 비교하기	It is (a box)/ boxes).	❶ it은 하나인 단수를 나타냄
	They are (a box /(boxes)).	❷ They는 둘 이상의 복수를 나타냄

1 그것은 귀이다.

It is [a ear / an ear] .

그것들은 양쪽 귀이다.

They are [ears / eares] .

2 그는 학생이다.

He is [a student / an student] .

그들은 학생들이다.

They are [student / students] .

3 나는 간호사이다.

I am [a nurse / nurses] .

우리는 간호사들이다.

We are [a nurse / nurses] .

4 우리는 친구이다.

We are [a friend / friends] .

그는 내 친구이다.

He is my [friend / friends] .

5 그것은 여우이다.

It is [a fox / foxes] .

그것들은 여우들이다.

They are [foxs / foxes] .

6 그것들은 접시들이다.

They are [dishs / dishes] .

그것들은 파리들이다.

They are [flys / flies] .

주어진 단어에 어울리게 바꿔 쓰세요.

He is a dancer . → be동사 다음의 단어를 단수나 복수로 바꿔 쓰세요.

⋯› They are dancers .

---

1 I am a swimmer.

⋯› We are _____ .

2 They are umbrellas.

⋯› It is _____ .

3 It is a bus.

⋯› They _____ .

4 You are my friends.

⋯› He _____ .

5 She is a pianist.

⋯› We _____ .

6 It is a fly.

⋯› They _____ .

명사의 수 ① 누적복습

STEP
1 단어 확인하기   단어 따라쓰기

01 fly   ☑ 파리   ☐ 거미   fly

02 eagle   ☐ 닭   ☐ 독수리

03 dish   ☐ 접시   ☐ 칼

04 fox   ☐ 늑대   ☐ 여우

05 watch   ☐ 손목시계   ☐ 자동차

06 church   ☐ 교실   ☐ 교회

07 pianist   ☐ 성악가   ☐ 피아니스트

STEP
2 문장으로 보는 **명사의 수** 우리말에 맞게 써보세요.

(A) It is a/an ~

01 그것은 교회이다.   ····▸ _____

02 그것은 독수리이다.   ····▸ _____

(B) They are -(e)s ~

01 그것들은 파리들이다.   ····▸ _____

02 그것들은 손목시계들이다. ····▸ _____

(C) He / It is a/an ~

01 그는 피아니스트이다.   ····▸ _____

02 그것은 여우이다.   ····▸ _____

STEP
3 명사의 수 point로 문장 쓰기

01   나는 수영선수이다.   I am _____ .

     그들은 수영선수들이다.   They _____ .

02   그는 소방관이다.   He is _____ .

     우리는 소방관들이다.   We _____ .

03   그것은 상자이다.   It is _____ .

     그것들은 상자들이다.   They _____ .

04   그들은 의사들이다.   They are _____ .

     그녀는 의사이다.   She _____ .

05   그것들은 접시들이다.   They are _____ .

     그것은 접시이다.   It _____ .

06   코끼리 한 마리가 동물원에 있다.   _____ is in a zoo.

     코끼리들이 동물원에 있다.   _____ are in a zoo.

명사의 수 ②

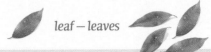

leaf — leaves

DAY 7

● 오늘 내 점수는? ☆ ☆ ☆ ☆ ☆   본문 pp.32~33

● 이런 걸 공부했어요.

배운 내용을
써요!

DAY 8

● 오늘 내 점수는? ☆ ☆ ☆ ☆ ☆   본문 pp.34~35

● 이런 걸 공부했어요.

DAY 9

● 오늘 내 점수는? ☆ ☆ ☆ ☆ ☆   본문 pp.36~37

● 이런 걸 공부했어요.

knife
- ☑ 칼
- ☐ 쟁반

leaf
- ☐ 줄기
- ☐ 나뭇잎

fish
- ☐ 동물
- ☐ 물고기

mouse
- ☐ 쥐
- ☐ 고양이

woman
- ☐ 남자
- ☐ 여자

foot
- ☐ 발
- ☐ 다리

정답 칼 · 물고기 · 여자 · 나뭇잎 · 쥐 · 발

---

potato
- ☐ 감자
- ☐ 고구마

tomato
- ☐ 감자
- ☐ 토마토

sheep
- ☐ 양
- ☐ 염소

slowly
- ☐ 느리게
- ☐ 빠르게

wolf
- ☐ 여우
- ☐ 늑대

star
- ☐ 안개
- ☐ 별

정답 감자 · 양 · 늑대 · 토마토 · 느리게 · 별

---

sharp
- ☐ 날카로운
- ☐ 무서운

nose
- ☐ 귀
- ☐ 코

tooth
- ☐ 치아
- ☐ 칫솔

leaves
- ☐ 나무
- ☐ 나뭇잎들

deer
- ☐ 사슴
- ☐ 얼룩말

mice
- ☐ 입
- ☐ 쥐들

정답 날카로운 · 치아 · 사슴 · 코 · 나뭇잎들 · 쥐들

03 명사의 수 ②

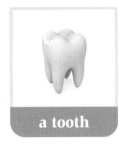 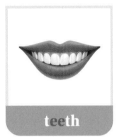

a tooth   teeth

명사가 둘 이상이면 〈단어+(e)s〉를 쓰지만 다른 형태로 써야 하는 명사도 있어요.

1 명사가 **둘 이상**일 때 단어에 따라 다른 점을 정리해 보세요.

규칙 변화	예	
명사 + (e)s	a book → books 책 an orange → oranges 오렌지	a genius → geniuses 천재 a watch → watches 손목시계

불규칙 변화	예	
모음이 변하는 복수형	a man → men 남자 a foot → feet 발	a woman → women 여자 a tooth → teeth 치아
끝부분 변화	a child → children 아이 a mouse → mice 쥐		
	a leaf → leaves 나뭇잎 a knife → knives 칼 a wolf → wolves 늑대	
단수, 복수형이 같음	a fish → fish 생선 a sheep → sheep 양 a deer → deer 사슴	

2 명사가 문장에서 **동사 앞의 주어**로 쓸 때 동사 형태에 주의하세요.

명사 + 일반동사

A/An + 명사 + 일반동사(e)s	명사 + (e)s + 일반동사
A child goes to school. 아이는 학교에 간다.	Children go to school. 아이들은 학교에 간다.

✿ 주어가 한 명 또는 하나일 때 일반동사의 형태가 바뀌는 것을 기억하세요.

고르면 바로 아는 문법

STEP 1 명사의 수 ❶

a wolf → **wolves**

1 apple → *apples*   2 fish → _____

3 mouse → _____   4 leaf → _____

5 foot → _____   6 child → _____

7 sheep → _____   8 deer → _____

9 tooth → _____   10 woman → _____

동사의 모양을 보고 알맞은 명사를 고르세요.

STEP 2 명사의 수 ❷

Fish **swim.**

1 _____ walk to school.   ☐ A child   ☑ Children

2 _____ walks to a park.   ☐ A sheep   ☐ Sheep

3 _____ walk around the grass.   ☐ A deer   ☐ Deer

4 _____ hurts a lot.   ☐ My foot   ☐ My feet

5 _____ hurt a lot.   ☐ My tooth   ☐ My teeth

문장으로 누적연습

알맞은 말을 고르세요.

명사 형태 비교하기	It is (a book / books).	❶ It은 하나를 의미하므로 <a+명사>가 적절
	They are (a book / books).	❷ They는 둘 이상을 의미하므로 명사-(e)s가 적절

1 나는 감자가 필요하다.

I need | potatos / potatoes | .

그들은 칼이 필요하다.

They need | knifes / knives | .

2 그는 양들이 있다.

He has | sheep / sheeps | .

그들은 아이들이 있다.

They have | childs / children | .

3 아기는 밤에 운다.

| A baby / Babies | cries at night.

늑대들은 밤에 운다.

| A wolf / Wolves | cry at night.

4 나뭇잎들은 (솜)털을 갖고 있다.

| A leaf / Leaves | have hair.

토끼는 큰 귀를 갖고 있다.

| A rabbit / Rabbit | has big ears.

5 별들은 아주 빠르게 움직인다.

| A star / Stars | move so fast.

여우들은 무척 느리게 움직인다.

| A fox / Foxes | move very slowly.

6 그들은 토마토를 좋아한다.

They like | tomatos / tomatoes | .

그들은 설거지를 한다.

They wash the | dishs / dishes | .

고쳐 보는 ·· 문법쓰기

밑줄 친 부분을 바르게 고쳐 문장을 다시 쓰세요.

They have sharp ~~tooths~~ . → 의미에 어울리게 명사의 수를 고쳐 쓰세요.

··· They have sharp teeth .

1 **A wolf** have sharp teeth.

··▶

2 They are **man**.

··▶

3 It has big **foots**.

··▶

4 It has many **leafs**.

··▶

5 **Fishes** need water.

··▶

6 **Mice** has small ears.

··▶

명사의 수 ② 누적복습

단어 확인하기

단어 따라쓰기

01	foot	☑ 발	☐ 다리
02	tooth	☐ 등	☐ 치아
03	child	☐ 아이	☐ 어른
04	leaf	☐ 나무	☐ 나뭇잎
05	knife	☐ 시계	☐ 칼
06	sheep	☐ 양	☐ 염소
07	deer	☐ 사슴	☐ 늑대

foot

STEP 2 **문장으로 보는 명사의 수** 우리말에 맞게 써보세요.

(A) 명사 has ~

01 사슴은 큰 눈을 갖고 있다. ⋯▶ _____ has big eyes.

02 양은 작은 코를 갖고 있다. ⋯▶ _____ has a small nose.

(B) 명사 -(e)s have ~

01 사슴들은 큰 눈을 갖고 있다. ⋯▶ _____

02 양들은 작은 코를 갖고 있다. ⋯▶ _____

(C) They need -(e)s ~

01 그들은 감자들이 필요하다. ⋯▶ _____

02 그들은 칼들이 필요하다. ⋯▶ _____

STEP 3 명사의 수 point로 문장 쓰기

01 나는 토마토들을 좋아한다. I like _____.

그들은 사슴들을 좋아한다. They _____.

02 그는 많은 양들을 갖고 있다. He has many _____.

우리는 많은 접시를 갖고 있다. We _____.

03 토끼들은 큰 귀를 갖고 있다. _____ have big ears.

토끼들은 큰 발을 갖고 있다. _____

04 쥐들은 작은 귀를 갖고 있다. _____ have small ears.

쥐들은 작은 이빨들을 갖고 있다. _____

05 그들은 많은 감자를 갖고 있다. They have many _____.

그것들은 많은 나뭇잎을 갖고 있다. _____

06 아이들은 부엌에 있다. _____ are in the kitchen.

여자들은 부엌에 있다. _____

스스로 저절로 됩니다!

셀 수 없는 명사

I need salt.

본문 pp.40~41

● 오늘 내 점수는? ☆☆☆☆☆

● 이런 걸 공부했어요.

DAY 10

배운 내용을 써요!

본문 pp.42~43

● 오늘 내 점수는? ☆☆☆☆☆

● 이런 걸 공부했어요.

DAY 11

본문 pp.44~45

● 오늘 내 점수는? ☆☆☆☆☆

● 이런 걸 공부했어요.

DAY 12

butter
☑ 버터　　□ 기름

sugar
□ 소금　　□ 설탕

air
□ 물　　□ 공기

flour
□ 꽃　　□ 밀가루

oil
□ 양념　　□ 기름

sand
□ 유리　　□ 모래

정답 버터 · 공기 · 기름 · 설탕 · 밀가루 · 모래

fresh
□ 오래된　　□ 신선한

bread
□ 빵　　□ 밀가루

salt
□ 소금　　□ 설탕

ball
□ 공　　□ 경기

castle
□ 건물　　□ 성

tea
□ 차　　□ 커피

정답 신선한 · 소금 · 성 · 빵 · 공 · 차

sweet
□ 짠　　□ 달콤한

apartment
□ 창고　　□ 아파트

delicious
□ 맛있는　　□ 맛없는

baseball
□ 농구　　□ 야구

live in
□ ~에 가다　　□ ~에 살다

tennis
□ 테니스　　□ 배구

정답 달콤한 · 맛있는 · ~에 살다 · 아파트 · 야구 · 테니스

04 셀 수 없는 명사

하나 둘 셀 수 없는 명사들은 a/an, -(e)s를 쓸 수 없어요.

| I | like | **butter** / ~~a butter~~ |

나는 버터를 좋아한다.

| I | need | **water** / ~~waters~~ |

나는 물이 필요하다.

1 하나, 둘 **셀 수 없는 명사**들이 있어요.

셀 수 없는 명사	예					
장소 이름이나 사람 이름처럼 고유한 이름	Korea 한국	New York 뉴욕	Paris 파리	Jina 지나	Minsu 민수	
모양이 없는 물질 / 많아서 셀 수 없는 것	air 공기	water 물	butter 버터	oil 기름	milk 우유	flour 밀가루
	sand 모래	money 돈	sugar 설탕	salt 소금	cheese 치즈	
과목, 운동	math 수학	English 영어	soccer 축구	baseball 야구	tennis 테니스	

2 **셀 수 없는 명사**는 a/an 또는 -(e)s의 복수형을 쓸 수 없어요.

a/an

셀 수 있는 명사 (O)

I buy an egg . 나는 달걀을 산다.
 └ 달걀은 셀 수 있는 명사로 an을 써요.

셀 수 없는 명사 (X)

I need ~~a water~~ / water . 나는 물이 필요하다.
 └ 물은 셀 수 없기 때문에 a/an을 쓰지 않아요.

복수형

셀 수 있는 명사 (O)

Tomatoes are delicious. 토마토는 맛있다.
 └ 토마토는 셀 수 있는 명사로 복수 형태로 쓸 수 있어요.

셀 수 없는 명사 (X)

Sugar / ~~Sugars~~ is sweet. 설탕은 달다.
 └ 설탕은 셀 수 없는 명사라서 복수 형태로 쓰지 않아요.

고르면 ① 바로 아는 문법

명사의 표현이 맞으면 O, 아니면 X에 ✔표 하세요.

STEP 1 명사의 종류

| a cat | a̶ cheese |

1 a water   O X̶✔
2 a fish   O X

3 a salt   O X
4 a leaf   O X

5 a money   O X
6 an iguana O X

7 a math   O X
8 a soccer O X

9 a cheese O X
10 a sand   O X

명사의 표현이 맞으면 O, 아니면 X에 ✔표 하세요.

STEP 2 셀 수 있는 명사
셀 수 없는 명사

| carrots | sugars |

1 butters O X
2 books   O X

3 salts   O X
4 milks   O X

5 potatoes O X
6 sands   O X

7 coffees O X
8 airs   O X

9 buses   O X
10 flours   O X

2 문장으로 누적연습

명사 형태
비교하기

I like ((bread)/ breads)

❶ 셀 수 없는 명사는 복수형이 없음

I drink ((juice)/ a juice)

❷ 셀 수 없는 명사는 앞에 a(n)를 쓰지 않음

---

1 공기가 신선하다.

Air / Airs is fresh.

사과들이 신선하다.

Apple / Apples are fresh.

2 그는 치즈를 좋아한다.

He likes cheese / cheeses .

그는 버터를 좋아한다.

He likes butter / a butter .

3 나는 우유를 마신다.

I drink milk / a milk .

나는 물을 마신다.

I drink water / a water .

4 그녀는 고양이 한 마리가 있다.

She has cat / a cat .

그녀는 돈이 많이 있다.

She has much money / moneys .

5 그것은 소금이다.

It is salt / a salt .

그것들은 상자들이다.

They are box / boxes .

6 그들은 서울에 산다.

They live in Seoul / a Seoul .

그들은 아파트에 산다.

They live in apartment / an apartment .

42   초등영어 문법부터 해결한다 Basic Level 2

고쳐 보는 · · 문법쓰기

밑줄 친 부분을 바르게 고쳐 문장을 다시 쓰세요.

I need ~~a love~~ .

··· I need love .

1   **A sugar** is sweet.

  ···▸

2   They love **moneys**.

  ···▸

3   I live in **castle**.

  ···▸

4   He eats **a bread**.

  ···▸

5   People love **soccers**.

  ···▸

6   She wants **a tea**.

  ···▸

셀 수 없는 명사 누적복습

STEP 1 단어 확인하기

단어 따라쓰기

01 sweet ☑ 달콤한 ☐ (맛이) 짠

sweet

02 fresh ☐ 오래된 ☐ 신선한

03 castle ☐ 성 ☐ 아파트

04 delicious ☐ 맛없는 ☐ 맛있는

05 bread ☐ 빵 ☐ 밥

06 tea ☐ 차 ☐ 커피

07 salt ☐ 설탕 ☐ 소금

STEP 2 문장으로 보는 셀 수 없는 명사 우리말에 맞게 써보세요.

(A) 명사 is ~

01 설탕은 달다. ┄┄▶ _____

02 빵은 맛있다. ┄┄▶ _____

(B) He drinks 명사 ~

01 그는 차를 마신다. ┄┄▶ _____

02 그는 우유를 마신다. ┄┄▶ _____

(C) They need 명사 ~

01 그들은 돈이 필요하다. ┄┄▶ _____

02 그들은 소금이 필요하다. ┄┄▶ _____

STEP
3 셀 수 없는 명사 point로 문장 쓰기

01 나는 서울을 사랑한다. I love _____.

그들은 커피를 사랑한다. They _____.

02 그는 돈을 갖고 있다. He has _____.

우리는 사과들을 갖고 있다. We _____.

03 물이 신선하다. _____ is fresh.

달걀들이 신선하다. _____.

04 그녀는 한국에 산다. She lives in _____.

그녀는 아파트에 산다. _____.

05 우리는 우유를 산다. We buy _____.

우리는 치즈를 산다. _____.

06 그들은 주스를 원한다. They want _____.

그들은 빵을 원한다. _____.

초등학교 영어 기초 TEST
명사

( )초등학교 ( )학년 ( )반 ( )번 이름( )

1 다음 명사가 셀 수 있는지 없는지를 고르세요.

① doctor ☑ 셀 수 있는 명사
☐ 셀 수 없는 명사

② book ☐ 셀 수 있는 명사
☐ 셀 수 없는 명사

③ coffee ☐ 셀 수 있는 명사
☐ 셀 수 없는 명사

④ orange ☐ 셀 수 있는 명사
☐ 셀 수 없는 명사

⑤ egg ☐ 셀 수 있는 명사
☐ 셀 수 없는 명사

⑥ butter ☐ 셀 수 있는 명사
☐ 셀 수 없는 명사

⑦ bread ☐ 셀 수 있는 명사
☐ 셀 수 없는 명사

⑧ math ☐ 셀 수 있는 명사
☐ 셀 수 없는 명사

⑨ deer ☐ 셀 수 있는 명사
☐ 셀 수 없는 명사

⑩ milk ☐ 셀 수 있는 명사
☐ 셀 수 없는 명사

⑪ money ☐ 셀 수 있는 명사
☐ 셀 수 없는 명사

⑫ room ☐ 셀 수 있는 명사
☐ 셀 수 없는 명사

2 다음 명사의 복수형을 쓰세요.

단수	복수	단수	복수
① apple	_____	② fish	_____
③ tooth	_____	④ house	_____
⑤ bus	_____	⑥ child	_____
⑦ baby	_____	⑧ friend	_____
⑨ flower	_____	⑩ box	_____

3 다음 그림을 보고, 알맞은 단어를 고르세요.

1  I need [a potato / three potatoes].

2  They are [an egg / eggs].

3  [Leafs / Leaves] are green.

4  The baby has small [foots / feet].

5  [Sugar / Sugars] is too sweet.

6  It is [window / a window].

7  I drink [milk / a milk] in the morning.

4 다음 그림을 보고, 대화에서 **틀린** 부분을 찾아 고쳐 쓰세요.

①  A The childs are cute.
   B You are right.

_____ → _____

②  A Are they an apple?
   B Yes, they are. They are delicious.

_____ → _____

③  A Do you need a water?
   B Yes, I do. Thank you.

_____ → _____

④  A Does it have big ears?
   B Yes, it does.
   A What is it?
   B It is rabbit.

_____ → _____

5 다음 글에서 **틀린** 부분을 각각 찾아 고쳐 쓰세요.

① Let's make a cake.
First, I need flour and a butter.
② Put sugar and six egg in a bowl.
③ Add chocolates and bake a cake.

① _____ → _____

② _____ → _____

③ _____ → _____

6 명사의 복수형에 유의해서 문장을 배열하여 쓰세요.

1 두 명의 여성은 선생님이다. (the two women, teachers, are)

→ _____

2 나는 작은 손가락을 갖고 있다. (small fingers, I, have)

→ _____

3 그 어린이들은 1학년이다. (are, the children, in the first grade)

→ _____

4 그들은 좋은 선수들이다. (good players, are, they)

→ _____

5 우리 친구들은 친절하다. (our friends, kind, are)

→ _____

7 주어진 단어를 이용하여 문장을 쓰세요.

chairs and a sofa	math and science	her hair	a big city

1 서울은 큰 도시이다.

→ _____

2 나는 의자들과 소파가 필요하다.

→ _____

3 그는 수학과 과학을 좋아한다.

→ _____

4 그녀의 머리는 빨간색이다.

→ _____

주요 동사

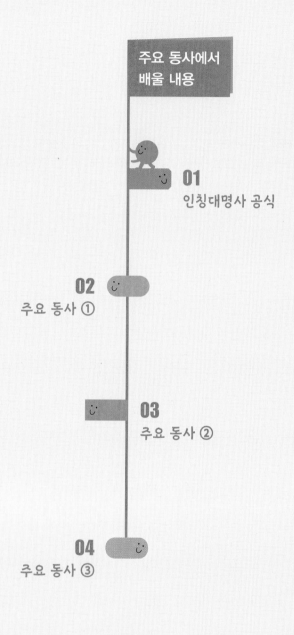

**주요 동사에서
배울 내용**

01
인칭대명사 공식

02
주요 동사 ①

03
주요 동사 ②

04
주요 동사 ③

문장의 형태를 결정하는 것은 동사입니다.
동사에 따라 어떤 단어들을 쓸 지 알 수 있기 때문이죠.

스스로 저절로 됩니다!

인칭대명사 공식

We are friends.

DAY 13

● 오늘 내 점수는? ☆ ☆ ☆ ☆ ☆

● 이런 걸 공부했어요.

본문 pp.54~55

배운 내용을 써요!

DAY 14

● 오늘 내 점수는? ☆ ☆ ☆ ☆ ☆

● 이런 걸 공부했어요.

본문 pp.56~57

DAY 15

● 오늘 내 점수는? ☆ ☆ ☆ ☆ ☆

● 이런 걸 공부했어요.

본문 pp.58~59

third
☑ 세 번째　　□ 네 번째

new
□ 새로운　　□ 오래된

in the third grade
□ 2학년에　　□ 3학년에

cute
□ 귀여운　　□ 키가 큰

farmer
□ 아빠　　□ 농부

late
□ 이른　　□ 늦은

정답 세 번째 · 3학년에 · 농부 · 새로운 · 귀여운 · 늦은

sister
□ 여동생　　□ 남동생

same
□ 같은　　□ 다른

brother
□ 여동생　　□ 남동생

on the same team
□ 같은 팀에　　□ 다른 팀에

soccer player
□ 선수　　□ 축구선수

nice
□ 낡은　　□ 멋진

정답 여동생 · 남동생 · 축구선수 · 같은 · 같은 팀에 · 멋진

smart
□ 순진한　　□ 똑똑한

teacher
□ 학생　　□ 선생님

parents
□ 부모　　□ 조부모

buy
□ 사다　　□ 팔다

teammate
□ 반 친구　　□ 팀원

go to school
□ 집에 오다　　□ 학교에 가다

정답 똑똑한 · 부모 · 팀원 · 선생님 · 사다 · 학교에 가다

01 인칭대명사 공식

'나, 너, 그, 우리'처럼 **명사를** 대신하는 인칭대명사로 바꿔 쓸 수 있어요.

I (나는)

명사(이름)		인칭대명사
Pete	→	He
Mina	→	She

He (그는)　She (그녀는)

1 인칭대명사는 명사를 대신하는 것으로 이름 대신 다음과 같이 써요.

하나, 한 사람 (단수)		둘 이상 (복수)	
I	나는	we	우리는
you	너는	you	너희들은
she	그녀는		
he	그는	they	그들은, 그것들은
It	그것은		

> ✹ you는 '너'라고 한 명 또는 '너희들'이라고 여러 명을 말할 때도 써요.

2 인칭대명사는 어떤 명사들을 대신하는지 알아보아요.

> ✹ 인칭대명사는 성별이나 단수, 복수형에 따라 선택해야 해요.

인칭대명사		예	
he, she	남자, 여자를 대신	남자: Paul, brother, dad	→ he
		여자: Mina, sister, mom	→ she
they	여러 사람이나 사물, 동물을 대신	여러 명: Paul and Mina, students	→ they
		여러 동물, 사물: cats, books	
we	나(I)를 포함한 여러 명 대신	you and I, Paul and I	→ we
you	너(you)를 포함한 여러 명 대신	you and Mina, you and Paul	→ you

① 인칭대명사는 성별이 여자이면 she, 남자이면 he로 나타내요.

● Mia is a student. (~~He~~ / **She**) is my friend. 미아는 학생이다. 그녀는 내 친구이다.

② 인칭대명사는 한 명은 단수형 I, you, he, she로, 여러 명은 복수형 we, you, they를 써요.

● Mia and I are students. (**We** / ~~She~~) are friends. 미아와 나는 학생이다. 우리는 친구이다.

고르면 바로 아는 문법

알맞은 인칭대명사를 고르세요.

STEP 1 인칭대명사 ❶

a girl → **she**

		he	she			he	she
1	Janet	☐ he	☑ she	**2**	a boy	☐ he	☐ she
3	a sister	☐ he	☐ she	**4**	Ms. Kim	☐ he	☐ she
5	Mr. Park	☐ he	☐ she	**6**	Mom and Dad	☐ you	☐ they
7	Tom	☐ he	☐ she	**8**	Mina and I	☐ we	☐ they
9	you and I	☐ we	☐ they	**10**	you and his brother	☐ we	☐ you

알맞은 <주어+be동사>를 고르세요.

STEP 2 인칭대명사 ❷

Janet is a student. → **She is** happy.

1 My name is Ava. _____ a teacher.   ☑ I am   ☐ She is

2 Pete is my brother. _____ an engineer.   ☐ He is   ☐ She is

3 Hi, Tom. _____ late.   ☐ He is   ☐ You are

4 My friend is Mina. _____ smart.   ☐ He is   ☐ She is

5 Tom and Jane are in my class. _____ classmates.   ☐ We are   ☐ They are

문장으로 누적연습

알맞은 인칭대명사를 고르세요.

인칭대명사
확인하기

My name is Amy.

❶ 누구인지 살펴보기

(I / She) am a student.

❷ 말하는 사람일 때는 'I(나)'

---

1 너와 나는 3학년이다.

You and I are in the third grade.

⋯▸

우리는 3학년이다.

We / They are in the third grade.

---

2 우리 아빠는 농부이다.

My dad is a farmer.

⋯▸

그는 농부이다.

He / She is a farmer.

---

3 Jane과 Mark는 쌍둥이다.

Jane and Mark are twins.

⋯▸

그들은 쌍둥이다.

You / They are twins.

---

4 내 신발은 새 것이다.

My shoes are new.

⋯▸

그것들은 새 것이다.

It is / They are new.

---

5 그의 부모님은 엔지니어이다.

His parents are engineers.

⋯▸

그들은 엔지니어다.

He is / They are engineers.

---

6 Sam과 너는 요리사이다.

Sam and you are cooks.

⋯▸

너희들은 요리사이다.

You / They are cooks.

고쳐 보는 ·· 문법쓰기

밑줄 친 부분을 바르게 고쳐 문장을 다시 쓰세요.

Sue is cute. ~~He~~ is a singer.

···→ She is a singer.

→ 명사 Sue는 성별이 여자이므로 She로 바꿔 쓰세요.

1 David is a student. **She** is in my class.

···→

2 I'm Steve. **Steve** am a soccer player.

···→

3 Jenny and I are on the same team. **They're** teammates.

···→

4 Amy and Tom are friends. **You are** smart.

···→

5 Mr. Brown is my teacher. **We are** nice.

···→

6 Jane is my sister. **They are** cute.

···→

인칭대명사 누 적 복 습

STEP 1 단어 확인하기   단어 따라쓰기

01	late	☐ 빠른	☑ 늦은	late
02	smart	☐ 순진한	☐ 똑똑한	
03	farmer	☐ 농장	☐ 농부	
04	twin	☐ 형제	☐ 쌍둥이	
05	cute	☐ 귀여운	☐ 키가 큰	
06	parents	☐ 부모	☐ 아버지	
07	teammate	☐ 반 친구	☐ 팀원	

STEP 2 문장으로 보는 인칭대명사   우리말에 맞게 써보세요.

(A)   He   is   ~

01   그는 귀엽다.   ⋯▸ Mark is my brother. _____

02   그는 똑똑하다.   ⋯▸ Tom is a scientist. _____

(B)   She   is   ~

01   그녀는 우리 반이다.   ⋯▸ Mina is my friend. _____ in my class.

02   그녀는 내 팀원이다.   ⋯▸ Amy is a student. _____

(C)   We / They   are   ~

01   우리는 쌍둥이다.   ⋯▸ Jenny and I are on the same team. _____

02   그들은 농부이다.   ⋯▸ They are Amy and Steve. _____

인칭대명사 point로 문장 쓰기

01   Amy와 Tom은 친구이다.   그들은 친구이다.

    <u>Amy and Tom</u> are friends.   ⋯▸   _____

02   Brown 씨는 우리 선생님이다.   그는 우리 선생님이다.

    <u>Mr. Brown</u> is my teacher.   ⋯▸   _____

03   우리 부모님은 엔지니어이다.   그들은 엔지니어이다.

    <u>My parents</u> are engineers.   ⋯▸   _____

04   Jenny와 나는 같은 팀에 있다.   우리는 같은 팀에 있다.

    <u>Jenny and I</u> are on the same   ⋯▸   _____
    team.

05   너와 미나는 3학년이다.   너희들은 3학년이다.

    <u>You and Mina</u> are in the third   ⋯▸   _____
    grade.

06   Jane은 내 여동생이다.   그녀는 내 여동생이다.

    <u>Jane</u> is my sister.   ⋯▸   _____

스스로 저절로 됩니다!

주요 동사 ①

They run fast.

● 오늘 내 점수는? ☆ ☆ ☆ ☆ ☆

본문 pp.62~63

● 이런 걸 공부했어요.

DAY 16

배운 내용을 써요!

● 오늘 내 점수는? ☆ ☆ ☆ ☆ ☆

본문 pp.64~65

● 이런 걸 공부했어요.

DAY 17

● 오늘 내 점수는? ☆ ☆ ☆ ☆ ☆

본문 pp.66~67

● 이런 걸 공부했어요.

DAY 18

come
- ☑ 오다
- ☐ 가다

hard
- ☐ 열심히
- ☐ 빠르게

work
- ☐ 배우다
- ☐ 일하다

outside
- ☐ 안에
- ☐ 밖에

sleep
- ☐ 자다
- ☐ 깨다

well
- ☐ 조금
- ☐ 좋게(잘)

정답 오다 · 일하다 · 자다 · 열심히 · 밖에 · 좋게(잘)

hospital
- ☐ 학교
- ☐ 병원

sofa
- ☐ 탁자
- ☐ 소파

happily
- ☐ 행복한
- ☐ 행복하게

house
- ☐ 집
- ☐ 정원

smile
- ☐ 미소 짓다
- ☐ 즐기다

sky
- ☐ 공기
- ☐ 하늘

정답 병원 · 행복하게 · 미소 짓다 · 소파 · 집 · 하늘

in a hospital
- ☐ 병원
- ☐ 병원에

in the sky
- ☐ 하늘
- ☐ 하늘에

library
- ☐ 도서관
- ☐ 서점

play with a dog
- ☐ 놀다
- ☐ 개와 놀다

on a sofa
- ☐ 소파
- ☐ 소파 위에

loudly
- ☐ 작게
- ☐ 큰소리로

정답 병원에 · 도서관 · 소파 위에 · 하늘에 · 개와 놀다 · 큰소리로

02 주요 동사 ①

목적어 X		목적어 O
play 놀다	→	**play** soccer 축구를 하다

동사를 알아야 문장을 잘 쓸 수 있어요.
동사의 의미를 통해 문장을 알아보아요.

1 〈주어+동사〉의 기본 문장을 만드는 동사들은 다음과 같아요.

주요 동사		〈주어 + 동사〉의 예	
go 가다	**come** 오다	● I | work | hard.	나는 열심히 일한다.
work 일하다	**run** 달리다	● He | lives | in Seoul.	그는 서울에 산다.
live 살다	**fly** 날다	● They | sing | well.	그들은 노래를 잘 부른다.
cry 울다	**talk** 말하다	● I | sleep | at 10.	나는 10시에 잔다.
play 놀다	**sleep** 자다	● He | talks | a lot.	그는 많이 말한다.
		● They | run | outside.	그들은 밖에서 달린다.

이 동사들은 〈주어+동사〉 다음에 명사가 오지 않고 정도나 방법 또는 장소를 나타내는 말이 와요.

They	| work | hard |.	그들은 열심히 일한다. - 정도, 방법을 나타내는 말
	| work | in a school |.	그들은 학교에서 일한다. - 장소를 나타내는 말

2 〈주어+동사〉 다음에는 정도나 방법 또는 장소를 나타내는 말인 부사가 와요.

주어	동사	목적어(명사)	부사구	
I	play	X	happily.	나는 행복하게 논다.
	go	X	to school.	나는 학교에 간다.

부사는 '어떻게, 얼마나' 등의 방법이나 정도 또는 장소로, 동사를 꾸며주는 말이에요.

정도, 방법을 나타내는 부사		장소나 방향을 나타내는 부사
sadly (슬프게)	fast (빨리)	in the room (방에)
slowly (느리게)	late (늦게)	to school (학교에, 학교로)
happily (행복하게)	hard (열심히)	inside (안에)
	high (높이)	outside (밖에)

고르면 바로 아는 문법

STEP 1 동사와 문장 ❶

빨리 달린다 ➡ **run** fast

1 잘 잔다 _____ well ☐ sing ☑ sleep

2 학교에 간다 _____ to school ☐ go ☐ come

3 서울에 산다 _____ in Seoul ☐ play ☐ live

4 열심히 일한다 _____ hard ☐ work ☐ fly

5 Jack과 논다 _____ with Jack ☐ sit ☐ play

문장이 옳으면 O, 아니면 X에 ✔표 하세요.

STEP 2 동사와 문장 ❷

They **talk** a lot. ☑ O ☐ X

1 **He goes school.** 그는 학교에 간다. ☐ O ☐ X

2 **She cries loudly.** 그녀는 큰소리로 운다. ☐ O ☐ X

3 **I live Busan.** 나는 부산에 산다. ☐ O ☐ X

4 **They swim fast.** 그들은 빠르게 수영한다. ☐ O ☐ X

5 **Jack and Jin study hard.** Jack과 Jin은 열심히 공부한다. ☐ O ☐ X

문장으로 누적연습

의미에 어울리게 알맞은 말을 고르세요.

동사의 특징 비교하기	I (go / go to) school.	❶ 동사 go는 뒤에 어디에 가는지가 나옴
	They work (hard / a box).	❷ 동사 work가 '일하다'일 때는 '어떻게'나 '장소'에 해당하는 부사가 옴

(go to에 동그라미, hard에 동그라미)

1 그는 개와 논다.

He plays 　a dog / with a dog　.

그는 축구를 한다.

He plays 　soccer / with soccer　.

2 그녀는 병원에서 일한다.

She works 　a hospital / in a hospital　.

그녀는 열심히 일한다.

She works 　hard / in hard　.

3 나는 밖에서 뛴다.

I run 　outside / in outside　.

나는 공원에서 뛴다.

I run 　the park / in the park　.

4 우리는 서울에 산다.

We live 　Seoul / in Seoul　.

우리는 뉴욕에 산다.

We live 　New York / in New York　.

5 그녀는 행복하게 미소 짓는다.

She smiles 　happy / happily　.

그녀는 슬프게 미소 짓는다.

She smiles 　sad / sadly　.

6 그들은 소파 위에서 잔다.

They sleep 　sofa / on the sofa　.

그들은 잘 잔다.

They sleep 　good / well　.

배열해 보는 문법쓰기 ③

의미에 맞게 주어진 단어들을 배열하여 쓰세요.

나는 학교에 간다. (go, I, to, school) → 의미에 어울리게 동사 다음의 단어를 배열하세요.

⋯▶　　　I go to school.

1　나는 집에서 일해. (in, I, a house, work)

⋯▶

2　그는 빠르게 달린다. (runs, he, fast)

⋯▶

3　그것들은 높이 난다. (fly, high, they)

⋯▶

4　우리는 매일 큰소리로 노래한다. (sing, loudly, we)

⋯▶ 　　　　　　　　　　　　　　　　　　　　　　　　　　　　every day.

5　그녀는 행복하게 미소 짓는다. (happily, she, smiles)

⋯▶

6　그것들은 느리게 움직인다. (slowly, they, move)

⋯▶

주요 동사 ① 누적복습

STEP
1 단어 확인하기

단어 따라쓰기

01	hard	☑ 열심히	□ 매우

hard

02	well	□ 잘	□ 좋은

03	outside	□ 안에	□ 밖에

04	happily	□ 행복한	□ 행복하게

05	smile	□ 미소 짓다	□ 울다

06	hospital	□ 교실	□ 병원

07	a lot	□ 많이	□ 적게

STEP
2 **문장으로 보는 주요 동사** 우리말에 맞게 써보세요.

(A) She works ~

01 그녀는 열심히 일한다. ····▶ _____

02 그녀는 병원에서 일한다. ····▶ _____

(B) They smile / sing ~

01 그들은 행복하게 미소 짓는다. ····▶ _____

02 그들은 행복하게 노래한다. ····▶ _____

(C) It sleeps ~

01 그것은 잘 잔다. ····▶ _____

02 그것은 많이 잔다. ····▶ _____

STEP
3   주요 동사 point로 문장 쓰기

01   **go**   I ＿＿＿＿＿ go to the library ＿＿＿＿＿.   나는 도서관에 간다.

He ＿＿＿＿＿＿＿＿＿＿＿＿＿＿＿＿.   그는 학교에 간다.

02   **work**   ＿＿＿＿＿＿＿＿＿＿＿＿＿＿＿＿   우리는 열심히 일한다.

＿＿＿＿＿＿＿＿＿＿＿＿＿＿＿＿   그들은 병원에서 일한다.

03   **sleep**   ＿＿＿＿＿＿＿＿＿＿＿＿＿＿＿＿   그는 잘 잔다.

move   ＿＿＿＿＿＿＿＿＿＿＿＿＿＿＿＿   그것들은 느리게 움직인다.

04   **run**   ＿＿＿＿＿＿＿＿＿＿＿＿＿＿＿＿   나는 밖에서 달린다.

＿＿＿＿＿＿＿＿＿＿＿＿＿＿＿＿   우리는 빠르게 달린다.

05   **smile**   ＿＿＿＿＿＿＿＿＿＿＿＿＿＿＿＿   그들은 행복하게 미소 짓는다.

cry   ＿＿＿＿＿＿＿＿＿＿＿＿＿＿＿＿   그는 많이 운다.

06   **live**   ＿＿＿＿＿＿＿＿＿＿＿＿＿＿＿＿   그는 서울에 산다.

＿＿＿＿＿＿＿＿＿＿＿＿＿＿＿＿   그녀는 런던에 산다.

스스로 저절로 됩니다!

주요 동사 ②

It tastes sweet.

● 오늘 내 점수는? ☆ ☆ ☆ ☆ ☆

본문 pp.70~71

● 이런 걸 공부했어요.

DAY
19

배울 내용을
써요!

● 오늘 내 점수는? ☆ ☆ ☆ ☆ ☆

본문 pp.72~73

● 이런 걸 공부했어요.

DAY
20

● 오늘 내 점수는? ☆ ☆ ☆ ☆ ☆

본문 pp.74~75

● 이런 걸 공부했어요.

DAY
21

young
- ☑ 어린
- ☐ 나이 든

soft
- ☐ 딱딱한
- ☐ 부드러운

taste
- ☐ 들리다
- ☐ 맛이 나다

handsome
- ☐ 잘생긴
- ☐ 키가 큰

sound
- ☐ 들리다
- ☐ 보이다

strange
- ☐ 이상한
- ☐ 친근한

정답 어린 · 맛이 나다 · 들리다 · 부드러운 · 잘생긴 · 이상한

---

heavy
- ☐ 가벼운
- ☐ 무거운

sour
- ☐ 달콤한
- ☐ (맛이) 신

light
- ☐ 가벼운
- ☐ 무거운

warm
- ☐ 따뜻한
- ☐ 선선한

smell
- ☐ 들리다
- ☐ 냄새가 나다

cool
- ☐ 따뜻한
- ☐ 선선한

정답 무거운 · 가벼운 · 냄새가 나다 · (맛이) 신 · 따뜻한 · 선선한

---

friendly
- ☐ 친구
- ☐ 친근한

feel good
- ☐ 좋게 느끼다
- ☐ 좋게 들리다

smell bad
- ☐ 좋은 냄새가 나다
- ☐ 나쁜 냄새가 나다

sound friendly
- ☐ 친근하게 들리다
- ☐ 친근하게 보이다

loud
- ☐ 큰소리의
- ☐ 작은 소리의

taste sweet
- ☐ 달콤한 맛이 나다
- ☐ 달콤하게 들리다

정답 친근한 · 나쁜 냄새가 나다 · 큰소리의 · 좋게 느끼다 · 친근하게 들리다 · 달콤한 맛이 나다

03 주요 동사 ②

주어 + 동사 + 보어(형용사)
She **looks tall.** 그녀는 키가 커 보인다.

동사 중 **look, feel** 등의 감각을 나타내는
동사가 쓰인 문장과 의미를 알아보아요.

1 동사 다음에 주어를 더 설명해 주는 형용사가 오는 문장이에요.

주어	동사	보어(형용사)	
It	**looks**	good.	좋아 보인다
	feels		좋은 느낌이 난다(기분이 좋다)

〈주어＋감각동사〉 다음에 형용사가 오는데 형용사는 '슬픈, 어린, 작은,
빨간'처럼 느낌, 상태, 크기, 색 등을 나타내는 말이에요.

● It looks <u>young</u>. 그것은 어려 보인다.
　　　　　형용사

> ✯ 이렇게 <주어 + 감각동사>
> 뒤에 오는 형용사를 보어라
> 고 해요.

2 〈주어＋동사＋보어〉의 문장을 만드는 동사들은 다음과 같아요.

주요 동사	〈주어+동사+보어(형용사)〉의 예	
look 보이다　　**taste** 맛이 나다 **smell** 냄새가 나다　**sound** 들리다 **feel** 느낌이 나다	● It | feels | soft. ● He | looks | handsome. ● They | sound | strange.	그것은 부드러운 느낌이 난다. 그는 잘생겨 보인다. 그것들은 이상하게 들린다.

이 동사들은 〈주어＋동사〉 다음에 부사가 오지 않아요.

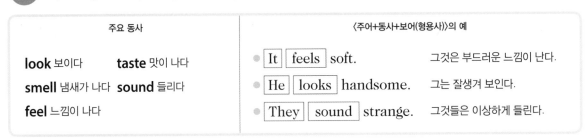

They	sound	strange .	- 형용사
		strangely .	- 부사

QUIZ O/X로 표시

It looks soft. 　　　( )
It looks softly. 　　( )

정답 O, X

고르면 바로 아는 문법

알맞은 동사를 고르세요.

STEP 1 동사와 문장 ❶

I **feel** good.

1 좋은 냄새가 난다   _____ **good**   ☐ feel   ☑ smell

2 시끄럽게 들린다   _____ **loud**   ☐ feel   ☐ sound

3 빨간색으로 보인다   _____ **red**   ☐ look   ☐ taste

4 달콤한 맛이 난다   _____ **sweet**   ☐ smell   ☐ taste

5 신선해 보인다   _____ **fresh**   ☐ look   ☐ sound

문장이 옳으면 O, 아니면 X에 ✔표 하세요.

STEP 2 동사와 문장 ❷

They look **happy.**

1 **The apple tastes good.** 그 사과는 맛이 좋다.   ☐ O   ☐ X

2 **The food smells badly.** 그 음식은 나쁜 냄새가 난다.   ☐ O   ☐ X

3 **He looks beautiful.** 그는 아름답게 보인다.   ☐ O   ☐ X

4 **They sound strangely.** 그것들은 이상하게 들린다.   ☐ O   ☐ X

5 **It feels warm.** 그것은 따뜻하게 느껴진다.   ☐ O   ☐ X

2 문장으로 누적연습

알맞은 말을 고르세요.

문장
비교하기

I (feel)/ work) good.

❶ 뒤에 형용사가 오는 동사를 선택

They taste (bad)/ badly).

❷ 감각동사 다음에는 형용사가 옴

---

1 그것은 달콤한 맛이 난다.

It smells / tastes sweet.

그것은 달콤하게 들린다.

It sounds sweet / sweetly .

---

2 그것은 무거워 보인다.

It looks heavy / light .

그것은 가벼워 보인다.

It looks heavy / light .

---

3 그것은 시끄럽게 들린다.

It sounds loud / loudly .

그것은 나쁜 냄새가 난다.

It smells bad / badly .

---

4 그 음식은 신맛이 난다.

The food tastes sour / sweet .

그 음식은 좋은 냄새가 난다.

The food sounds / smells good.

---

5 그것은 친근하게 들린다.

It sounds friend / friendly .

그것은 슬프게 들린다.

It sounds sad / sadly .

---

6 물이 따뜻하게 느껴진다.

The water feels / looks warm.

나는 행복하게 느껴진다.

I feel happy / happily .

고쳐 보는 문법쓰기 ③

밑줄 친 단어를 바르게 고쳐 문장을 다시 쓰세요.

He looks ~~strangely~~ . → 동사 look 다음에는 형용사가 와요.

⋯→ He looks strange .

1 그는 슬프게 느낀다.
He feels **sadly**. ⋯→

2 그것은 시끄럽게 들린다.
It **smells** loud. ⋯→

3 그것은 나쁜 냄새가 난다.
It smells **badly**. ⋯→

4 그 음료는 신맛이 난다.
The drink **looks** sour. ⋯→

5 그것은 어려 보인다.
It **feels** young. ⋯→

6 그 목소리는 친근하게 들린다.
The voice sounds **friend**. ⋯→

Unit 3. 주요 동사 ② 73

주요 동사 ② 누적복습

단어 따라쓰기

01	**soft**	☐ 달콤한	☑ 부드러운	soft
02	**light**	☐ 무거운	☐ 가벼운	
03	**heavy**	☐ 무거운	☐ 가벼운	
04	**sour**	☐ (맛이) 신	☐ (맛이) 쓴	
05	**warm**	☐ 따뜻한	☐ 차가운	
06	**friendly**	☐ 친구	☐ 친근한	
07	**happy**	☐ 행복한	☐ 어지러운	

STEP
2   **문장으로 보는 주요 동사** 우리말에 맞게 써보세요.

(A) It looks ~

01 그것은 무거워 보인다.   ┈┈▶ _____

02 그것은 가벼워 보인다.   ┈┈▶ _____

(B) They taste ~

01 그것들은 달콤한 맛이 난다.   ┈┈▶ _____

02 그것들은 신맛이 난다.   ┈┈▶ _____

(C) He feels ~

01 그는 친근하게 느낀다.   ┈┈▶ _____

02 그는 행복하게 느낀다.   ┈┈▶ _____

주요 동사 point로 문장 쓰기

01   **good**   I _____ *feel good* _____ .   나는 기분이 좋게 느낀다.

He _____ .   그는 좋은 냄새가 난다.

02   **sweet**   _____   그것은 달콤하게 들린다.

_____   그것은 달콤한 맛이 난다.

03   **warm**   _____   그것은 따뜻하게 들린다.

_____   그것은 따뜻하게 느껴진다.

04   **friendly**   _____   그녀는 친근하게 보인다.

_____   그것은 친근하게 들린다.

05   **strange**   _____   그것들은 이상하게 들린다.

_____   그것들은 이상하게 보인다.

06   **bad**   _____   그것은 나쁜 냄새가 난다.

_____   그것은 나쁜 맛이 난다.
(그것은 맛이 좋지 않다.)

스스로 저절로 됩니다!

주요 동사 ③

They change color.

DAY 22

● 오늘 내 점수는? ☆ ☆ ☆ ☆ ☆   본문 pp.78~79

● 이런 걸 공부했어요.

_____

_____

_____

배운 내용을 써요!

DAY 23

● 오늘 내 점수는? ☆ ☆ ☆ ☆ ☆   본문 pp.80~81

● 이런 걸 공부했어요.

_____

_____

_____

DAY 24

● 오늘 내 점수는? ☆ ☆ ☆ ☆ ☆   본문 pp.82~83

● 이런 걸 공부했어요.

_____

_____

_____

store
- ☑ 가게
- ☐ 점원

color
- ☐ 빛
- ☐ 색

change
- ☐ 두다
- ☐ 변하다

finish
- ☐ 끝나다
- ☐ 시작하다

lesson
- ☐ 수업
- ☐ 공책

never
- ☐ 전혀
- ☐ 매일

정답 가게 · 변하다 · 수업 · 색 · 끝나다 · 전혀

---

run a store
- ☐ 가게를 달리다
- ☐ 가게를 운영하다

return
- ☐ 돌아오다
- ☐ 가다

life
- ☐ 삶
- ☐ 죽음

math
- ☐ 영어
- ☐ 수학

leave
- ☐ 살다
- ☐ 떠나다

clean
- ☐ 청소하다
- ☐ 운동하다

정답 가게를 운영하다 · 삶 · 떠나다 · 돌아오다 · 수학 · 청소하다

---

finger
- ☐ 손가락
- ☐ 손바닥

return from
- ☐ ~에서 떠나다
- ☐ ~에서 돌아오다

leave home
- ☐ 집에 머무르다
- ☐ 집을 떠나다

walk a dog
- ☐ 개가 걷다
- ☐ 개를 산책시키다

change color
- ☐ 색을 바꾸다
- ☐ 색이 예쁘다

move fingers
- ☐ 손가락을 움직이다
- ☐ 빠르게 움직이다

정답 손가락 · 집을 떠나다 · 색을 바꾸다 · ~에서 돌아오다 · 개를 산책시키다 · 손가락을 움직이다

04 주요 동사 ③

목적어 X	목적어 O
study	**study** English
공부하다	영어를 **공부하다**

동사 뒤에 목적어가 있는 경우와 없는 경우에 따른 문장의 모양과 동사의 의미를 알아보아요.

---

1 동사 뒤에 목적어가 있는 경우와 없는 경우에 따라 문장 모양과 의미가 다를 수 있어요.

주어	동사	목적어(명사)		
I	**run**	X	in the park.	공원에서 뛰다
	run	a store.		가게를 운영하다

〈주어+동사〉와 〈주어+동사+목적어(명사)〉 문장을 비교해 보세요

주어(S)	—	동사(V)	—	목적어(명사)

They	sing	a song .	그들은 노래를 부른다.	- <주어+동사+목적어(명사)>
	sing .		그들은 노래한다.	- <주어+동사>

---

2 목적어가 있을 때와 없을 때의 동사의 의미에 주의하여 살펴보아요.

목적어 O	목적어 X	〈주어+동사+목적어(명사)〉의 예	
play (경기를) 하다	**play** 놀다	I play baseball .	나는 야구를 한다.
start 시작하다	**start** 시작되다	He starts the lesson .	그는 수업을 시작한다.
change 바꾸다	**change** 변하다	Leaves change color .	나뭇잎들은 색을 바꾼다.
finish 끝내다	**finish** 끝나다	〈주어+동사(+부사)〉의 예	
walk 산책시키다	**walk** 걷다	I play with a dog.	나는 개와 논다.
move 옮기다	**move** 움직이다	It starts at 10.	그것은 10시에 시작된다.
return 반납하다	**return** 돌아오다	It never changes .	그것은 전혀 변하지 않는다.

고르면 바로 아는 문법

STEP 1 동사와 문장 ❶

read a book ➡ 책을 읽다

1 leave home ☑ 집을 떠나다 ☐ 집으로 가다

2 walk my dog ☐ 내 개가 산책하다 ☐ 내 개를 산책시키다

3 play baseball ☐ 야구장에서 놀다 ☐ 야구를 하다

4 run a hotel ☐ 호텔을 운영하다 ☐ 호텔에서 뛰다

5 change the life ☐ 삶이 유지되다 ☐ 삶을 변화시키다

우리말에 맞는 말을 고르세요.

STEP 2 동사와 문장 ❷

발을 옮기다 ➡ **move** their feet

1 내 숙제를 끝내다 ☐ finish ☐ finish my homework

2 공원에서 걷다 ☐ walk the park ☐ walk in the park

3 수학을 공부하다 ☐ study math ☐ study with math

4 일을 시작하다 ☐ start work ☐ start at work

5 책을 반납하다 ☐ return a book ☐ return from a book

2 문장으로 누적연습

문장
바르게
쓰기

well, he, soccer, plays	⋯▶ He plays soccer well.	❶ <주어+동사+목적어>로 배열
	⋯▶ 그는 축구를 잘한다.	❷ 우리말 쓰기

1 change, they, to green   ⋯▶ _____

_____

2 a store, runs, Mary   ⋯▶ _____

_____

3 walks, a dog, he   ⋯▶ _____

_____

4 clean, they, a room   ⋯▶ _____

_____

5 my work, I, finish, *every Friday ⋯▶ _____

*금요일마다

_____

6 move, I, my fingers   ⋯▶ _____

_____

완성해 보는 ·· 문법쓰기

의미에 맞게 주어진 단어를 이용하여 쓰세요.

> 나뭇잎들은 색을 변화시킨다. (leaves, color) → 의미에 어울리는 동사를 생각하며 쓰세요.
>
> ··· Leaves change color.

1 우리는 수학을 공부한다. (we, math)

···▶

2 그는 축구를 한다. (he, soccer)

···▶

3 그들은 가게를 운영한다. (they, a store)

···▶

4 그녀는 개를 산책시킨다. (she, a dog)

···▶

5 나는 화요일마다 책을 반납한다. (I, books, every Tuesday)

···▶

6 우리는 10시에 집을 떠난다. (we, home, at 10)

···▶

주요 동사 ③ 누적복습

단어 확인하기   단어 따라쓰기

01	**start**	☐ 끝내다	☑ 시작하다	`start`
02	**finish**	☐ 끝내다	☐ 시작하다	
03	**run**	☐ 걷다	☐ 운영하다	
04	**leave**	☐ 떠나다	☐ 도착하다	
05	**change**	☐ 바꾸다	☐ 떠나다	
06	**clean**	☐ 청소하다	☐ 없애다	
07	**return**	☐ 반납하다	☐ 기억하다	

STEP 2 문장으로 보는 일반동사 우리말에 맞게 써보세요.

(A)   He   동사 ~

01   그는 호텔을 운영한다.   ⋯▸ _____ a hotel.

02   그는 공원에서 뛴다.   ⋯▸ _____ in the park.

(B)   They   동사 ~

01   그들은 책들을 반납한다.   ⋯▸ _____ books.

02   그들은 여행에서 돌아온다.   ⋯▸ _____ from a trip.

(C)   He / It   동사 ~

01   그는 그의 숙제를 끝낸다.   ⋯▸ _____ his homework.

02   그것은 10시에 끝난다.   ⋯▸ _____ at 10.

일반동사 point로 문장 쓰기

01 change Leaves _____*change color*_____ .
나뭇잎들이 색을 바꾼다.

Leaves _____ to green.
나뭇잎들은 초록색으로 변한다.

02 start _____ 그것은 10시에 시작한다.

_____ 그들은 일을 시작한다.

03 play _____ 그는 Jack과 논다.

_____ 그녀는 축구를 한다.

04 study _____ 나는 열심히 공부한다.

_____ 그는 영어를 공부한다.

05 walk _____

그들은 개를 산책시킨다.

_____ in the park.

우리는 공원에서 산책한다.

06 move _____ slowly.

그것은 느리게 움직인다.

_____

나는 내 손가락들을 움직인다.

(   )초등학교 (   )학년 (   )반 (   )번 이름(   )

1 보기의 단어를 활용하여 문장을 완성하고 우리말로 쓰세요.

feel   study   play   sleep   play

❶ The dog ＿＿＿＿＿＿＿ with my cat and bird.

➡ (우리말) ＿＿＿＿＿＿＿＿＿＿＿＿＿＿

❷ He ＿＿＿＿＿＿＿ soccer.

➡ (우리말) ＿＿＿＿＿＿＿＿＿＿＿＿＿＿

❸ It ＿＿＿＿＿＿＿ soft.

➡ (우리말) ＿＿＿＿＿＿＿＿＿＿＿＿＿＿

❹ She ＿＿＿＿＿＿＿ at 10.

➡ (우리말) ＿＿＿＿＿＿＿＿＿＿＿＿＿＿

❺ They ＿＿＿＿＿＿＿ math.

➡ (우리말) ＿＿＿＿＿＿＿＿＿＿＿＿＿＿

2 다음 밑줄 친 동사에 주의하여 우리말을 완성해 보세요.

1 They <u>change</u> a lot.　　　　　　그들은 많이 _____.

It <u>changes</u> our life a lot.　　　그것은 우리 삶을 많이 _____.

2 He <u>returns</u> from a trip.　　　　그는 여행에서 _____.

He <u>returns</u> the book.　　　　　그는 그 책을 _____.

3 It <u>finishes</u> at 9.　　　　　　　그것은 9시에 _____.

I <u>finish</u> my homework at 9.　　나는 9시에 내 숙제를 _____.

3 주어진 단어를 배열하여 문장을 완성하고 우리말로 쓰세요. (동사는 주어에 어울리게 쓰기)

1
home　　　　he　　　　leave

➡ (문장) _____

➡ (우리말) _____

2
look　　　　the apple　　　　fresh

➡ (문장) _____

➡ (우리말) _____

3
change　　　　leaves　　　　color

➡ (문장) _____

➡ (우리말) _____

4 우리말에 맞게 주어진 단어들을 배열하여 쓰세요.

1 인터넷이 그의 삶을 변화시킨다. (the Internet, his life, changes)

→ _____

2 그녀는 한국으로 돌아온다. (to Korea, she, returns)

→ _____

3 그것은 그의 딸꾹질을 멈추게 한다. (stops, it, his hiccups)

→ _____

5 다음 보기처럼 **틀린** 부분을 고쳐 쓰세요.

We walk <u>the park</u>.	<u>the park</u> → <u>in the park</u>

1 Birds fly <u>the sky</u>. _____ → _____

2 He studies <u>with math</u>. _____ → _____

3 She lives <u>New York</u>. _____ → _____

4 They work <u>a hospital</u>. _____ → _____

It looks <u>friend</u>.	<u>friend</u> → <u>friendly</u>

5 That sounds <u>sweetly</u>. _____ → _____

6 He looks <u>happily</u>. _____ → _____

7 Everything feels <u>softly</u>. _____ → _____

8 She always smiles <u>happy</u>. _____ → _____

6 다음 문장에서 **틀린** 부분을 고쳐 쓰세요.

1 They go school. _____ → _____

2 The food smells badly. _____ → _____

3 Anna returns to the books. _____ → _____

4 She plays with baseball on Monday. _____ → _____

5 Jack returns a trip. _____ → _____

7 다음 그림을 보고, 우리말에 맞게 주어진 단어로 쓰세요.

1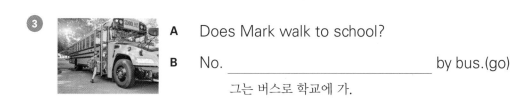

A Do you have a cat?

B Yes. _____ (look)
그것은 귀여워 보여.

2

A When does the class start?

B _____ (start)
그 수업은 9시에 시작한다.

3

A Does Mark walk to school?

B No. _____ by bus.(go)
그는 버스로 학교에 가.

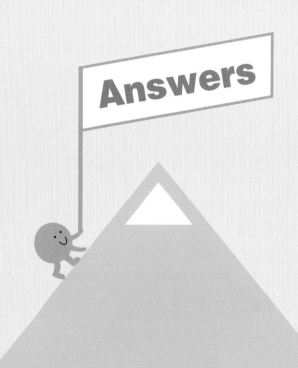

PART **1** 명사

UNIT **01** 명사 공식

❶ 고르면 바로 아는 문법

STEP **1** **1** a teacher **2** a lion **3** a box **4** a bag **5** a car

해석 **1** 나는 선생님이다. **2** 그것은 사자이다. **3** 그것은 상자이다. **4** 그녀는 가방을 갖고 있다.
5 그는 차를 갖고 있다.

STEP **2** **1** a **2** an **3** a **4** a **5** a
6 an **7** an **8** a **9** an **10** an

❷ 문장으로 누적연습

1 a scientist / a nurse **2** a ball / a car **3** an egg / an orange

4 a house / a photo **5** an engineer / a cook **6** A frog / a pond

❸ 고쳐 보는 문법쓰기

1 I am <u>a</u> genius. **2** He needs <u>an</u> umbrella. **3** She has <u>a</u> rabbit.

4 They have <u>an</u> iguana. **5** It is <u>an</u> elephant. **6** You are <u>a</u> writer.

해석 **1** 나는 천재이다. **2** 그는 우산이 필요하다. **3** 그녀는 토끼 한 마리가 있다. **4** 그들은 이구아나 한
마리가 있다. **5** 그것은 코끼리이다. **6** 너는 작가이다.

명사 공식 누적복습

STEP **1** 01 개미 02 이구아나 03 우산 04 과학자 05 달걀 06 근처에 07 연못

STEP **2** (A) 01 It is an egg. 02 It is a pond.

(B) 01 They need a carrot. 02 They need an umbrella.

(C) 01 He has an elephant. 02 She has an orange.

STEP 3　01 a writer / I am a student.　02 a teacher / He is a firefighter.

03 an umbrella / She has a dog.　04 a book / It is an elephant.

05 an egg / I need a car.　06 A cat / A dog is in a box.

UNIT 02 명사의 수 ①

① 고르면 바로 아는 문법

STEP 1　1 a room　2 an elephant　3 a desk　4 an umbrella

5 a bus　6 an eagle　7 an eraser　8 a cup

9 a book　10 an apple

STEP 2　1 toys　2 brushes　3 cups　4 candies　5 watches

6 dishes　7 boxes　8 buses　9 flies　10 babies

② 문장으로 누적연습

1 an ear / ears　2 a student / students　3 a nurse / nurses

4 friends / friend　5 a fox / foxes　6 dishes / flies

③ 바꿔 보는 문법쓰기

1 We are swimmers.　2 It is an umbrella.　3 They are buses.

4 He is my friend.　5 We are pianists.　6 They are flies.

해석　1 우리는 수영선수이다.　2 그것은 우산이다.　3 그것들은 버스들이다.　4 그는 내 친구이다.
5 우리는 피아니스트이다.　6 그것들은 파리들이다.

명사의 수 ① 누적복습

STEP 1　01 파리　02 독수리　03 접시　04 여우　05 손목시계　06 교회　07 피아니스트

(A) 01 It is a church.　　02 It is an eagle.

(B) 01 They are flies.　　02 They are watches.

(C) 01 He is a pianist.　　02 It is a fox.

STEP 3　01 a swimmer / are swimmers　02 a firefighter / are firefighters

03 a box / are boxes　　04 doctors / is a doctor

05 dishes / is a dish　　06 An elephant / Elephants

UNIT 03 명사의 수 ②

❶ 고르면 바로 아는 문법

STEP 1　1 apples　2 fish　3 mice　4 leaves　5 feet

6 children　7 sheep　8 deer　9 teeth　10 women

STEP 2　1 Children　2 A sheep　3 Deer　4 My foot　5 My teeth

해석　**1** 아이들은 학교에 걸어간다.　**2** 양 한 마리가 공원으로 걸어간다.　**3** 사슴들이 잔디 주위를 걷는다.
4 발이 많이 아프다.　**5** 이가 많이 아프다.

❷ 문장으로 누적연습

1 potatoes / knives　　2 sheep / children　　3 A baby / Wolves

4 Leaves / A rabbit　　5 Stars / Foxes　　6 tomatoes / dishes

❸ 고쳐 보는 문법쓰기

1 <u>Wolves</u> have sharp teeth.　　2 They are <u>men</u>.

3 It has big <u>feet</u>.　　4 It has many <u>leaves</u>.

5 <u>Fish</u> need water.　　6 <u>A mouse</u> has small ears.

해석　**1** 늑대들은 날카로운 이빨을 갖고 있다.　**2** 그들은 남자이다.　**3** 그것은 큰 발을 갖고 있다.　**4** 그것은
많은 잎들을 갖고 있다.　**5** 물고기는 물이 필요하다.　**6** 쥐는 작은 귀를 갖고 있다.

명사의 수 ② 누적복습

STEP 1 01 발 02 치아 03 아이 04 나뭇잎 05 칼 06 양 07 사슴

STEP 2 (A) 01 A deer   02 A sheep

(B) 01 Deer have big eyes.   02 Sheep have a small nose.

(C) 01 They need potatoes.   02 They need knives.

STEP 3 01 tomatoes / like deer   02 sheep / have many dishes

03 Rabbits / Rabbits have big feet. 04 Mice / Mice have small teeth.

05 potatoes / They have many leaves.

06 Children / Women are in the kitchen.

UNIT 04 셀 수 없는 명사

❶ 고르면 바로 아는 문법

STEP 1 1 X 2 O 3 X 4 O 5 X 6 O 7 X
       8 X 9 X 10 X

STEP 2 1 X 2 O 3 X 4 X 5 O 6 X 7 X
       8 X 9 O 10 X

❷ 문장으로 누적연습

1 Air / Apples   2 cheese / butter   3 milk / water

4 a cat / money   5 salt / boxes   6 Seoul / an apartment

❸ 고쳐 보는 문법쓰기

1 Sugar is sweet.   2 They love money.   3 I live in a castle.

4 He eats bread.   5 People love soccer.   6 She wants tea.

해석 1 설탕은 달다. 2 그들은 돈을 사랑한다. 3 나는 성에 산다. 4 그는 빵을 먹는다. 5 사람들은 축구를 사랑한다. 6 그녀는 차를 원한다.

셀 수 없는 명사 누적복습

STEP 1 01 달콤한　02 신선한　03 성　04 맛있는　05 빵　06 차　07 소금

STEP 2
(A) 01 Sugar is sweet.　02 Bread is delicious.
(B) 01 He drinks tea.　02 He drinks milk.
(C) 01 They need money.　02 They need salt.

STEP 3
01 Seoul / love coffee　02 money / have apples
03 Water / Eggs are fresh.　04 Korea / She lives in an apartment.
05 milk / We buy cheese.　06 juice / They want bread.

초등학교 영어 기초 TEST | 명사

1　❶ 셀 수 있는 명사　❷ 셀 수 있는 명사　❸ 셀 수 없는 명사　❹ 셀 수 있는 명사　❺ 셀 수 있는 명사
❻ 셀 수 없는 명사　❼ 셀 수 없는 명사　❽ 셀 수 없는 명사　❾ 셀 수 있는 명사　❿ 셀 수 없는 명사
⓫ 셀 수 없는 명사　⓬ 셀 수 있는 명사

2　❶ apples　❷ fish　❸ teeth　❹ houses　❺ buses
❻ children　❼ babies　❽ friends　❾ flowers　❿ boxes

3　❶ three potatoes　❷ eggs　❸ Leaves　❹ feet
❺ Sugar　❻ a window　❼ milk

해석　❶ 나는 감자 세 개가 필요하다.　❷ 그것들은 달걀이다.　❸ 나뭇잎들은 초록색이다.　❹ 그 아기는 작은 발을 갖고 있다.　❺ 설탕은 너무 달다.　❻ 그것은 창문이다.　❼ 나는 아침에 우유를 마신다.

4　❶ childs → children
❷ an apple → apples
❸ a water → water
❹ rabbit → a rabbit

해석　❶ A: 그 아이들은 귀엽다.
B: 맞아.

② A: 그것들은 사과이니?

　　B: 응, 맞아. 그것들은 맛있어.

③ A: 너는 물이 필요하니?

　　B: 응, 맞아. 고마워.

④ A: 그것은 큰 귀를 갖고 있니?

　　B: 응, 맞아.

　　A: 그것은 무엇이니?

　　B: 그것은 토끼야.

5　**①** a butter → butter　　**②** six egg → six eggs　　**③** chocolates → chocolate

해석　**①** 케이크를 만들자. 먼저, 나는 밀가루와 버터가 필요해.　**②** 설탕과 달걀 6개를 그릇에 넣어라.　**③** 초콜릿을 더하고 케이크를 구워라.

6　**①** The two women are teachers.　　**②** I have small fingers.

　　③ The children are in the first grade.　　**④** They are good players.

　　⑤ Our friends are kind.

7　**①** Seoul is a big city.　　**②** I need chairs and a sofa.

　　③ He likes math and science.　　**④** Her hair is red.

PART 2 주요 동사

UNIT 01 인칭대명사 공식

❶ 고르면 바로 아는 문법

STEP 1   1 she   2 he   3 she   4 she   5 he
              6 they   7 he   8 we   9 we   10 you

STEP 2   1 I am   2 He is   3 You are   4 She is   5 They are

해석 **1** 내 이름은 Ava이다. 나는 선생님이다.   **2** Pete는 내 남동생이다. 그는 엔지니어이다.   **3** 안녕, Tom. 너는 늦었어.   **4** 내 친구는 미나이다. 그녀는 똑똑하다.   **5** Tom과 Jane은 우리 반이다. 그들은 반 친구이다.

❷ 문장으로 누적연습

1 We   2 He   3 They   4 They are   5 They are   6 You

❸ 고쳐 보는 문법쓰기

1 <u>He is</u> in my class.   2 <u>I am</u> a soccer player.   3 <u>We're</u> teammates.

4 <u>They are</u> smart.   5 <u>He is</u> nice.   6 <u>She is</u> cute.

해석 **1** David는 학생이다. 그는 우리 반이다.   **2** 나는 Steve이다. 나는 축구선수이다.
3 Jenny와 나는 같은 팀이다. 우리는 팀원이다.   **4** Amy와 Tom은 친구이다. 그들은 똑똑하다.
5 Brown 씨는 우리 선생님이다. 그는 멋지다.   **6** Jane은 내 여동생이다. 그녀는 귀엽다.

인칭대명사 누적복습

STEP 1   01 늦은   02 똑똑한   03 농부   04 쌍둥이   05 귀여운   06 부모   07 팀원

STEP 2   (A) 01 He is cute.   02 He is smart.

          (B) 01 She is   02 She is my teammate.

          (C) 01 We are twins.   02 They are famers.

해석   **(A)** 01 Mark는 내 남동생이다.   02 Tom은 과학자이다.
       (B) 01 Mina는 내 친구이다.   02 Amy는 학생이다.
       (C) 01 Jenny는 나와 같은 팀이다. 02 그들은 Amy와 Steve이다.

STEP 3 01 They are friends.   02 He is my teacher.

03 They are engineers.   04 We are on the same team.

05 You are in the third grade. 06 She is my sister.

UNIT 02 주요 동사 ①

❶ 고르면 바로 아는 문법

STEP 1   1 sleep   2 go   3 live   4 work   5 play

STEP 2   1 X   2 O   3 X   4 O   5 O

❷ 문장으로 누적연습

1 with a dog / soccer   2 in a hospital / hard   3 outside / in the park

4 in Seoul / in New York   5 happily / sadly   6 on the sofa / well

❸ 배열해 보는 문법쓰기

1 I work in a house.   2 He runs fast.

3 They fly high.   4 We sing loudly

5 She smiles happily.   6 They move slowly.

주요 동사 ① 누적복습

STEP 1   01 열심히   02 잘   03 밖에   04 행복하게   05 미소 짓다   06 병원   07 많이

STEP 2   (A) 01 She works hard.   02 She works in a hospital.

(B) 01 They smile happily.   02 They sing happily.

(C) 01 It sleeps well.   02 It sleeps a lot.

01 go to the library / goes to school

02 We work hard. / They work in a hospital.

03 He sleeps well. / They move slowly.

04 I run outside. / We run fast.

05 They smile happily. / He cries a lot.

06 He lives in Seoul. / She lives in London.

UNIT 03 주요 동사 ②

❶ 고르면 바로 아는 문법

STEP 1   **1** smell   **2** sound   **3** look   **4** taste   **5** look

STEP 2   **1** O   **2** X   **3** O   **4** X   **5** O

❷ 문장으로 누적연습

1 tastes / sweet   **2** heavy / light   **3** loud / bad

4 sour / smells   **5** friendly / sad   **6** feels / happy

❸ 고쳐 보는 문법쓰기

1 He feels sad.   **2** It sounds loud.

3 It smells bad.   **4** The drink tastes sour.

5 It looks young.   **6** The voice sounds friendly.

주요 동사 ② 누적복습

STEP 1   01 부드러운   02 가벼운   03 무거운   04 (맛이) 신   05 따뜻한   06 친근한   07 행복한

STEP 2 (A) 01 It looks heavy.　　02 It looks light.

(B) 01 They taste sweet.　　02 They taste sour.

(C) 01 He feels friendly.　　02 He feels happy.

STEP 3 01 feel good / smells good

02 It sounds sweet. / It tastes sweet.

03 It sounds warm. / It feels warm.

04 She looks friendly. / It sounds friendly.

05 They sound strange. / They look strange.

06 It smells bad. / It tastes bad.

UNIT 04 주요 동사 ③

❶ 고르면 바로 아는 문법

STEP 1 　1 집을 떠나다　　　2 내 개를 산책시키다　　　3 야구를 하다

　4 호텔을 운영하다　　5 삶을 변화시키다

STEP 2 　1 finish my homework　　2 walk in the park　　3 study math

　4 start work　　　　　　5 return a book

❷ 문장으로 누적연습

1 They change to green. / 그것들은 초록색으로 변한다.

2 Mary runs a store. / Mary는 가게를 운영한다.

3 He walks a dog. / 그는 개를 산책시킨다.

4 They clean a room. / 그들은 방을 청소한다.

5 I finish my work every Friday. / 나는 금요일마다 내 일을 끝낸다.

6 I move my fingers. / 나는 손가락을 움직인다.

❸ 완성해 보는 문법쓰기

1 We study math.
2 He plays soccer.
3 They run a store.
4 She walks a dog.
5 I return books every Tuesday.
6 We leave home at 10.

주요 동사 ③ 누적복습

STEP **1** 01 시작하다   02 끝내다   03 운영하다   04 떠나다   05 바꾸다   06 청소하다
07 반납하다

STEP **2** (A) 01 He runs   02 He runs
(B) 01 They return   02 They return
(C) 01 He finishes   02 It finishes

STEP **3** 01 change color / change
02 It starts at 10. / They start work.
03 He plays with Jack. / She plays soccer.
04 I study hard. / He studies English.
05 They walk a dog. / We walk
06 It moves / I move my fingers.

초등학교 영어 기초 TEST | 주요 동사

1 ❶ plays / 그 개는 우리 고양이와 새랑 논다.   ❷ plays / 그는 축구를 한다.
❸ feels / 그것은 부드럽게 느껴진다.   ❹ sleeps / 그녀는 10시에 잔다.
❺ study / 그들은 수학을 공부한다.

2 ❶ 변한다 / 변화시킨다   ❷ 돌아온다 / 반납한다   ❸ 끝난다 / 끝낸다

3 ❶ He leaves home. / 그는 집을 떠난다.
❷ The apple looks fresh. / 그 사과가 신선해 보인다.
❸ Leaves change color. / 나뭇잎들은 색을 바꾼다.

4 ❶ The Internet changes his life.   ❷ She returns to Korea.

    ❸ It stops his hiccups.

5 ❶ the sky → in the sky   ❷ with math → math

    ❸ New York → in New York   ❹ a hospital → in a hospital

    ❺ sweetly → sweet   ❻ happily → happy

    ❼ softly → soft   ❽ happy → happily

해석   ❶ 새는 하늘에서 난다.   ❷ 그는 수학을 공부한다.   ❸ 그녀는 뉴욕에 산다.   ❹ 그들은 병원에서 일한다.   ❺ 그것은 달콤하게 들린다.   ❻ 그는 행복해 보인다.   ❼ 모든 것이 부드럽게 느껴진다.   ❽ 그녀는 항상 행복하게 미소 짓는다.

6 ❶ school → to school   ❷ badly → bad

    ❸ to the books → the books   ❹ with baseball → baseball

    ❺ a trip → from a trip

해석   ❶ 그들은 학교에 간다.   ❷ 그 음식은 나쁜 냄새가 난다.   ❸ Anna는 그 책들을 반납한다.   ❹ 그녀는 월요일에 야구를 한다.   ❺ Jack은 여행에서 돌아온다.

7 ❶ It looks cute.   ❷ The class starts at 9.   ❸ He goes to school

해석   ❶ A: 너는 고양이가 있니?
B: 응. 그것은 귀여워 보여.
❷ A: 그 수업은 언제 시작해?
B: 그 수업은 9시에 시작한다.
❸ A: Mark는 걸어서 학교에 가니?
B: 아니야. 그는 버스로 학교에 가.